ÉLOGE

DE

Mgr M. N. A. DAVELUY.

ÉLOGE

DE

Mgr M. N. A. DAVELUY

ÉVÊQUE D'ACONE, COADJUTEUR DE CORÉE,

Martyrisé en Corée le vendredi saint 1866

PRONONCÉ DANS LA CATHÉDRALE D'AMIENS

PAR

Mgr MERMILLOD,

évêque d'Hébron.

LYON,

BAUCHU ET Cie, LIBRAIRES-ÉDITEURS,

PLACE BELLECOUR, 6.

PARIS,

RUE CASSETTE, 20.

1867.

PRÉFACE

Une fête a été célébrée, à Amiens, le 28 du mois de février 1867, en l'honneur de Monseigneur Daveluy. Cette fête, que la foi des peuples et le concours empressé des Princes et des Pasteurs de l'Eglise ont spontanément élevée à la hauteur d'une solennité catholique, laissera dans l'âme de tous ceux qui en ont été les témoins, une impression aussi douce que salutaire et durable.

Monseigneur Daveluy fut martyrisé en Corée, avec Monseigneur Berneux et sept missionnaires : MM. Beaulieu, Dorie, Ranfer de Bretenières, Pourthié, Petit-Nicolas, Aumaître et Huin, au mois de mars de l'année dernière. C'est à l'occasion de ce martyre de l'un de ses enfants, que la ville d'Amiens déployait tant de pompe et d'éclat, et que Monseigneur Boudinet avait obtenu du Saint-Siége l'autorisation de célébrer la fête de ce jour. Dès la veille, l'animation extraordinaire qui se manifestait dans les rues de la cité, l'arrivée des prélats qui devaient prendre part à la solennité, les ecclésiastiques nombreux qui descendaient de chaque train du chemin de fer, les préparatifs à la cathédrale et à l'église de Saint-Leu, tout annonçait la célébration prochaine d'une grande fête et rappelait celle de sainte Theudosie en 1853. Aussi, après le beau spectacle dont nous avons été un des plus heureux témoins, nous félicitons la ville d'Amiens qui doit être fière de sa religion ; car, en présence de sa magnifique cérémonie, en ressentant les émotions qu'elle faisait éprouver, il était impossible de ne pas se dire du fond du cœur : elle est divine la religion qui inspire de telles fêtes et suscite des Apôtres tels que celui dont la mort occasionne, pour l'Eglise, un semblable triomphe.

A l'église Saint-Leu, où fut baptisé l'évêque martyr et où il célébra sa première messe, on avait inscrit les dates de ces deux événements.

Au-dessus du maître-autel surmonté d'un baldaquin d'où descendaient de splendides tentures en velours rouge et en drap d'or, on lisait :

RR. DD.

Mariæ-Antonio Daveluy qui primùm hoc eucharistiæ sacrificium solemniter obtulit anno D[i] 1841, *die vero* 29[a] *decemb.*

« Au révérendissime Marie-Antoine Daveluy qui célébra solennellement, pour la première fois, le saint sacrifice dans cette église, le 29 décembre 1841. »

Et aux fonts baptismaux également entourés de draperies rouges et blanches :

Hic Nicolaus-Maria-Antonius Daveluy à D[o] *Caron Sancti-Lupi parocho baptizatus est anno D*[i] 1818 *die vero* 4[a] *junii.*

« C'est ici que Nicolas-Marie-Antoine Daveluy fu

baptisé par M. Caron, curé de Saint-Leu, le 4e jour de juin de l'an 1818. » (1)

Non loin de cette même église, dans la rue de Saint-Leu, en face de la demeure de Monseigneur Daveluy, s'élevait un arc-de-triomphe où figuraient, de chaque côté, en lettres d'or, ces passages des Saintes Écritures :

Pretiosa in conspectu Domini mors sanctorum ejus.
Beatus qui suffert tentationem.
Generatio rectorum benedicetur.

« La mort des justes est précieuse devant le Seigneur. »

« Bienheureux celui qui se trouve en butte aux épreuves. »

« La génération des hommes de bien sera en bénédiction. »

Un arc-de-triomphe était élevé dans la rue Saint-Denis et surmonté d'une croix au-dessus de laquelle on lisait :

In hoc signo vinces.

« Vous vaincrez par ce signe. »

« *Salut, vénérable martyr, modèle du clergé, gloire de la cité d'Amiens.* »

Ailleurs, des banderoles portaient :

« *Honneur de notre peuple! — Gloire de ta famille!* »

Toutes les rues que devait traverser la procession étaient tendues de rouge et de blanc, des mâts aux flammes de même couleur s'élevaient de distance en

(1) Au-dessus de la porte de l'église, on avait placé une statue de l'Immaculée Conception, avec cette inscription : *Regina martyrum.*

distance, le rouge et le blanc s'y mariaient harmonieusement aux fleurs et aux dorures.

A neuf heures et demie, le clergé, en habit de chœur, les élèves du séminaire, la plupart des prêtres du diocèse d'Amiens et des diocèses voisins, les chanoines, les prélats, les évêques et leurs vicaires généraux, les cardinaux se rendaient à l'église Saint-Leu, où s'est formée la procession.

A dix heures, ce majestueux cortége, précédé des communautés religieuses où figuraient les Sœurs des pauvres de l'Espérance, des prisons, de la Sainte-Famille, de la Providence, de la Charité, les Frères, les RR. PP. Jésuites et les corporations de toute la ville, quittait Saint-Leu pour se rendre à la cathédrale. L'ordre le plus parfait n'a pas cessé de régner, malgré la foule immense qui encombrait les rues et les places; les évêques en chape et en mître et le bâton pastoral à la main, étaient placés l'un après l'autre, par ordre de sacre, et donnaient leur bénédiction à tous les fidèles agenouillés pour la recevoir. Cette procession a duré plus d'une heure.

A la cathédrale, vingt-deux siéges, violets pour les évêques et rouges pour les cardinaux, avaient été préparés, à droite et à gauche du sanctuaire, sous deux *velarium*, en forme de dais, avec les écussons des Prélats qui sont venus se ranger dans l'ordre suivant :

A droite, du côté de l'épître :

S. Em. Monseigneur le cardinal Donnet, archevêque de Bordeaux, décoré du grand cordon de Charles III d'Espagne ; Mgr Régnier, archevêque de Cambrai ; Mgr Lavigerie, évêque de Nancy et Toul, archevêque nommé d'Alger ; Mgr Forcade, évêque de Nevers ; Mgr Ravinet, évêque de Troyes ; Mgr de Montpellier, évêque de Liége ; Mgr Dours, évêque de Soissons et Laon ; Mgr Meignan, évêque de Châlons ; Mgr Lequette, évêque d'Arras, Boulogne et St-Omer ; Mgr de Conny et Mgr Obré, protonotaires apostoliques.

Les deux cardinaux portaient la *cappa magna* d'hermine et la barrette.

A gauche, du côté de l'évangile :

S. Em. Mgr le cardinal de Bonnechose, archevèque de Rouen ; Mgr Guibert, archevêque de Tours ; Mgr Gignoux, évêque de Beauvais, Noyon et Senlis ; Mgr Sergent, évêque de Quimper ; Mgr Bravard, évêque de Coutances et Avranches ; Mgr Cliffort, évêque de Cliffton (Angleterre) ; Mgr Maret, évêque de Sura ; Mgr Mermillod, évêque d'Hébron, auxiliaire de Genève ; Mgr Boudinet, évêque d'Amiens ; Mgr Haffreingues et Mgr Dunoyer, protonotaires apostoliques.

Les vicaires généraux accompagnaient les prélats, tandis que le chœur et la vaste nef de la basilique amiennoise étaient occupés par près de 800 prêtres dont plus de 100 chanoines de différents diocèses.

La décoration de la basilique était de bon goût, mais fort simple ; aussi bien a-t-on compris, avec raison, que l'architecture de l'admirable église fait sa plus belle décoration. La foule était compacte, les nefs et les chapelles latérales regorgeaient de fidèles.

S Exc. Monseigneur Chigi, nonce apostolique, a officié pontificalement ayant, pour assistant, M. Morel, vicaire général, pour diacre, M. Petit, chanoine, ancien curé de Roye, où il eut pour vicaire l'illustre défunt, et pour sous-diacre, le frère même de Monseigneur Daveluy. La messe a été chantée en trois parties de plainchant, par la maîtrise de la cathédrale et les élèves du séminaire, sous la direction de l'infatigable chanoine Leboulenger, dont la puissante voix soutenait le chœur et faisait l'admiration de la religieuse assistance.

Il est plus aisé d'imaginer que de décrire le magnifique aspect que présentaient le chœur et le sanctuaire de Notre-Dame, pendant cette messe pontificale ; et encore faut-il l'avoir vu pour s'en faire une juste idée. A l'autel, le représentant, l'ambassadeur du Souverain Pontife dans notre pays ; de chaque côté, cette double rangée de Prélats illustres, en tête desquels deux des Princes de l'Eglise revêtus de cette pourpre romaine dont l'éclat n'est effacé que par celui de la blanche soutane du vicaire de Jésus-Christ. Dans le chœur, cette quadruple rangée de prêtres d'élite appartenant à toutes les parties de notre France ; et, avec tout cela, cette incomparable architecture de notre cathédrale, ces voûtes qui semblent s'envoler et nous emporter avec elles dans les cieux ! Non, nous n'essaierons pas de décrire ce tableau indescriptible, il faut l'avoir vu ; il n'appartient presque qu'à Notre-Dame d'Amiens d'en offrir de semblables, et volontiers nous oserions dire que, sauf la majesté de la présence du Souverain Pontife, les pompes de la basilique Vaticane ne nous auraient guère plus vivement émus que la solennité à laquelle nous venons d'assister.

Il était encore une autre cause d'émotion dont nous n'avons peut-être pas, jusqu'ici, assez parlé : c'était la présence dans la nef de la cathédrale, du père et de la mère de l'illustre martyr. La vue de ce couple béni de Dieu mettait des larmes dans les yeux de tous les assistants. Chacun contemplait avec respect cette mère si heureuse dans ses douleurs, parce qu'elle trouve sa consolation dans sa foi, ainsi que ce véritable patriarche, ce père, « vieillard qui, les yeux inondés de larmes, — « larmes de joie et de douleur tout ensemble, — disait « à Monseigneur d'Amiens, en repoussant ses consola- « tions, pour n'accepter que ses félicitations : Qu'ai-je « donc fait à Dieu pour être père de trois religieuses et « de deux prêtres dont un évêque et martyr? » En les regardant, on se surprenait à leur adresser, du fond du cœur, ces paroles de l'Ecriture : « Vous êtes la gloire de notre pays, la joie de notre cité et l'honneur de notre peuple. » Et chacun peut attester que jamais cet éloge ne reçut une plus juste et plus véritable application.

Quand la messe fut terminée, après l'intervalle voulu par les prescriptions romaines, Monseigneur Mermillod, évêque d'Hébron, prononça l'éloge du martyr et parla près d'une heure, devant l'imposant auditoire de plus de quinze mille fidèles. La sténographie a recueilli ce discours que nous publions.

Après le sermon, le cortége s'est reformé pendant le chant du *Magnificat*, pour reconduire les Prélats au palais épiscopal. Arrivés sur le parvis de la basilique, les Cardinaux, Archevêques et Evêques ont donné la bénédiction solennelle à la foule qui se pressait sur la place, aux fenêtres des maisons et jusque sur les toits. Nous ne faisons que mentionner ce couronnement de la fête qui a dû impressionner tous ceux qui ont pu y assister, ainsi qu'une courte allocution qui fut alors adressée au peuple par S. Em. le cardinal Donnet, et saluée par de nombreux applaudissements.

ÉLOGE

DE SA GRANDEUR

Mgr M. N. A. DAVELUY,

Évêque d'Acône,

COADJUTEUR DU VICAIRE APOSTOLIQUE DE CORÉE.

Accipietis virtutem supervenientis Spiritûs Sancti in vos, et eritis mihi testes... usque ad ultimum terræ.

Vous recevrez la vertu de l'Esprit Saint qui surviendra en vous, et vous serez mes témoins jusqu'aux extrémités du monde.
(ACT. DES AP. I, 8)

ÉMINENCES, MESSEIGNEURS,

Nous avons à célébrer devant vous la mémoire d'un évêque, glorieux témoin de Notre-Seigneur Jésus-Christ. S'il y a des heures où l'homme se sent accablé sous le poids de sa mission, s'il y a des émotions qui désespèrent la parole humaine, c'est bien dans cette solennité où une insigne église a déployé toutes ses pompes, où une contrée tout entière s'est levée dans un commun élan, où une cité frémissante a voulu, par son cortége triomphal, par ses maisons parées et par ses chants, faire éclater ses sentiments enthousiastes. Je ne puis être, au cri de vos cœurs, à vos manifestations religieuses, qu'un écho bien affaibli ; il n'est pas facile de parler dignement du fils d'Amiens qui rendit témoignage à Dieu par sa vie, par sa parole et par son sang. Mais ce qui me déconcerte me rassure en même temps : quand ma voix expirerait sur mes lèvres, quand je me tairais, est-ce que des murs de cette cathédrale, est-ce que des pierres de vos temples ne s'échapperait pas un *Hosanna* retentissant? C'est plus que le *lapides clamabunt* ; c'est l'hymne des âmes, c'est le tressaillement des cœurs, c'est l'élan de tout un peuple qui fait d'une ville un reliquaire et un cantique.

Votre cathédrale, mes Frères, cette merveille incomparable de l'art chrétien, malgré son éclat et sa grandeur, semble trop petite pour vos fêtes et trop étroite pour vos foules attendries. Plusieurs fois déjà, des solennités qui sont dans la mémoire de tous, d'éloquentes paroles qui vibrent encore sous ces voûtes ont réjoui vos âmes heureuses de ces émouvants spectacles ; mais, nous osons le dire, jamais assemblée plus vaste et allégresse plus complète ne se sont rencontrées dans son enceinte huit fois séculaire.

Monseigneur, Pontife de ce diocèse, vous m'avez appelé, et vous avez réclamé l'humble concours de ma parole devant ces Princes de l'Eglise romaine et devant nos illustres Frères dans l'épiscopat. Permettez-moi de les remercier, au nom de votre peuple et de votre clergé, de la splendeur que leur présence apporte, en les saluant avec vénération ; la parole du dernier d'entre eux sera mieux accueillie, parce qu'elle s'abritera sous leurs mérites.

Vous avez été, Monseigneur, pieusement inspiré en conviant au saint autel le Prince de Rome qui représente le doux et invincible Pie IX près de votre grande nation française. Son cœur ami m'encourage ; n'est-il pas le neveu du grand Pape qui a canonisé mon *Père* et mon *Saint* (1)? Vous avez voulu près de vous ces deux éminents cardinaux de la sainte Eglise qui honorent la pourpre, l'un par un zèle infatigable et une activité que rien ne lasse, l'autre par l'union de toutes les sollicitudes pastorales, avec la magistrature d'une parole respectée dans les conseils de l'Etat.

Cambrai devait envoyer ici l'héritier de Fénélon, ce prudent et ferme défenseur de nos droits et des Ordres religieux.

Le successeur de saint Martin ne pouvait manquer à cette place où le catéchumène d'Amiens donna la moitié de son manteau. Il a reçu de lui plus que son vêtement et sa houlette, il a hérité de son zèle pour servir la vérité et de son énergie pour relever une basilique.

Vous avez encore appelé à ces triomphes de l'apostolat lointain le futur archevêque qui doit réveiller les vieux souvenirs de saint Augustin et de saint Cyprien. Que le sang du Martyr protége sa

(1) Alexandre VII était de la famille Chigi, il a canonisé saint François de Sales.

périlleuse et magnifique mission de ramener à la foi les races infidèles par la parole et peut-être par le sang !

Le temps presse. Si mes lèvres ne peuvent désigner tous ces Pontifes vaillants par la plume et la parole, guidant les âmes par la foi et la science, surtout les Vénérables Frères de cette province qui, dans nos temps orageux, a tenté non sans succès une restauration des études théologiques, et des assemblées synodales. Ils me permettront de ne pas oublier l'Ange de Troyes, ce pieux et fidèle gardien des reliques de saint Bernard qui, avec votre Pierre l'Ermite, fut l'inspirateur des Croisades, ni le Pontife de Nevers qui a fait, sur les rivages du Japon et de la Corée, le noble apprentissage d'un épiscopat fécond! La Belgique et l'Angleterre vous ont envoyé deux illustres évêques, afin de témoigner que les nations sont sœurs par la sève chrétienne, et que votre martyr est plus qu'un patrimoine national ; désormais, il appartient à l'Eglise entière dont il est la gloire.

Vous aviez besoin de ces joies, Monseigneur, vous aviez vu votre ville en larmes et en détresse; il y a quelques mois, ses rues étaient désertes, le deuil était partout, et le fléau décimait votre peuple de prédilection. Vous fûtes à la peine, les mansardes et les hôpitaux reçurent vos bénédictions, votre courage fut contagieux. Des hauteurs du trône jusqu'aux plus humbles citoyens, magistrats, prêtres, obscurs travailleurs, tous s'oublièrent pour ne songer qu'aux malades et aux pauvres ; oui, vous et votre cité, vous aviez droit à cet arc-en-ciel sur vos ruines et vos tristesses : Amiens méritait d'avoir aujourd'hui la *fête du dévouement.*

Saint Jean a dit : *Il y en a trois qui rendent témoignage sur la terre : l'esprit, l'eau et le sang, et ces trois sont une même chose* (1); C'est dans l'accomplissement de ce triple témoignage que se révèlent la vie et la mort de notre héros chrétien; simple, modeste et cachée comme toutes les grandes choses à leur origine, son existence se développe dans des phases diverses vers un but unique. Il rend témoignage par l'*eau* de son baptême, la pureté de sa vie, la fidélité inviolable à son titre de chrétien, à sa vocation sacrée; par l'*esprit*, ce souffle généreux et puissant de l'apostolat; par l'*effusion du sang*, par le martyre qui achève cette vie si harmonieuse et si belle dans son unité: *Vos eritis mihi testes.* Que vos cœurs, dans l'illusion de leur ravissement, ne se méprennent point sur cette appellation de *martyr*; ni vos pompes religieuses, ni mon discours ne veulent devancer le jugement réservé à l'autorité suprême du Vicaire de Dieu; à lui seul appartient le droit de déclarer authentiquement l'existence du martyre et d'autoriser un culte public et solennel.

En restant dans la sagesse des prescriptions liturgiques, après avoir célébré le saint sacrifice en l'honneur de l'auguste Trinité et l'avoir remerciée d'avoir présenté au monde ce beau spectacle d'un héros de plus, je puis être un écho à la grande voix populaire et tenter l'éloge de votre compatriote à jamais illus-

(1) Ep. de s. Jean, v. 7.

tre, MONSEIGNEUR MARIE-NICOLAS-ANTOINE DAVELUY, ÉVÊQUE D'ACONE, COADJUTEUR DU VICAIRE APOSTOLIQUE DE CORÉE ET TÉMOIN DE JÉSUS-CHRIST.

I

Le plus grand honneur que Dieu puisse faire à un homme, c'est de l'appeler à lui rendre témoignage devant les peuples. Sans doute la parole atteste, le sang confirme, mais ces deux affirmations en exigent une autre qui les prépare: c'est le témoignage de la vie. Il y a dix-neuf siècles que le Seigneur a été vu parlant, bénissant, mort et ressuscité; l'accent apostolique et le sang des martyrs ont popularisé dans le monde ces faits incontestables de l'Evangile; mais il y a ici-bas une perpétuité de cette vie du Christ, une présence de son action toujours visible: c'est la sève de sa grâce se révélant par les âmes pures. Un chrétien qui sait incarner dans sa vie, par la foi, l'amour et le sacrifice, la vie du Sauveur, apparaît comme un témoin des réalités divines que Jérusalem a contemplées. L'Eglise se lève dans sa gloire voilée encore et nous montre, le long des âges, ces sublimes et ravissantes manifestations de Jésus vivant toujours. Quand ce Maître adorable traversait les bourgs et les campagnes de la Judée, saint Augustin raconte qu'il s'échappait de sa physionomie comme un éclair de sa divinité; cette irradiation se produit encore dans les ombres de notre humanité fragile, lorsque l'âme, après s'être anéantie dans les renoncements, se transforme dans le Christ et peut s'écrier avec saint Paul: « Ce n'est pas moi qui vis, c'est Jésus-Christ qui vit en moi. »

Notre héros a donné au Sauveur ce premier et fort témoignage, par la pureté de son cœur et la fidélité de son sacerdoce: cœur gardé et cœur immolé tout à la fois, ce fut là toute sa vie de famille, et toute sa vie sacerdotale.

Cœur gardé dans la pureté et l'amour! Oh! ici j'ose presque dire que ce devoir lui fut facile. Dieu le fit naître au sein d'une famille où les sentiments chrétiens régnaient de tradition et où les habitants d'Amiens reconnaissaient un patrimoine d'honneur et de dévouement, puisqu'ils y venaient chercher et le représentant de leur cité et le chef de leur édilité municipale. Il fut baptisé dans cette église de Saint-Leu d'où, il y a un instant, peuple et Pontifes, vous sortiez triomphalement pour affirmer qu'il fut toujours fidèle à cette première grâce du christianisme. Jusqu'à neuf ans, il resta au sanctuaire domestique, et, dans ce contact avec les vigueurs et les tendresses paternelles et maternelles, gardé par un père et une mère que je ne louerai pas, parce qu'ils sont là sous mon regard et que leur présence dans cette basilique en fête me cause une émotion qui est l'émotion d'une cité tout entière, grandissant sous cette tutelle bénie, notre jeune athlète avait, pour protéger la blancheur de son âme, le rempart le plus fort et l'amour le meilleur. Il doit affronter l'éducation publique ; ses pieux parents le confient à des maîtres, et à quels maîtres? à cette illustre compagnie qui a été baptisée dans la persécution et qui, depuis trois siècles, n'a qu'une phrase pour écrire son histoire : « *Vous serez persécutés à cause de mon nom* (1). » L'atmosphère du sacrifice conservait à son âme la fleur de sa pureté. Après avoir subi l'empreinte des vaillants soldats de l'Eglise, il lui était réservé d'avoir un reflet du clergé diocésain : il acheva ses études au petit séminaire de St-Riquier, institution féconde, l'une des gloires d'un diocèse qui a tant de gloires. Le souvenir qu'il y a laissé éveille l'idée d'un de ces jeuneshommes tels qu'on se plait à les rencontrer sur les bancs des écoles : doux et affable, caractère enjoué, vivacité même parfois turbulente s'alliant avec les plus délicats sentiments ; il était, tout à la fois, un studieux élève et un camarade généreux.

A seize ans et demi, sentant l'appel de Dieu et donnant essor, par une vocation spéciale, à la piété dont il avait toujours montré les vrais caractères, il obtint de son père d'entrer au grand séminaire de Saint-Sulpice. La maison d'Issy fut pour lui comme le vestibule du sacerdoce. Il en

(1) S. Math x. 22.

comprit dès lors les devoirs et la grandeur, y façonna peu à peu ses habitudes, devint édifiant, modeste, réservé, et ne cessa point cependant d'être, suivant sa nature, d'une gaîté facile et d'une suavité agréable à tous. Aussi sa piété exerçait-elle déjà, sur ceux qui le voyaient, l'heureuse séduction du bon exemple et le charme d'une magistrature aimée.

Sa philosophie terminée, il entra au grand séminaire de Paris, au mois d'octobre 1836, pour étudier la théologie. Là, il commence à avoir le pressentiment de sa haute destinée. De vagues inspirations le poussaient à se dévouer, à se sacrifier. Il rêvait aux missions, à l'apostolat dans la pauvreté, sous le joug d'une discipline qui ferait ressortir, avec plus de force, la vérité de ces paroles, sorte de testament rédigé de sa main et si fidèlement exécuté avant sa mort : *Nul aux créatures, les créatures nulles pour moi, nul à moi-même.* Mais la délicatesse de sa santé ne lui permit pas d'en arriver à s'oublier si vite ; car elle fut un obstacle aux austères immolations de la vie religieuse, après lesquelles il soupirait.

Le jeune séminariste dut interrompre ses études et se retirer à la campagne. Le repos, même nécessaire, oppressait son âme, et, quoique simple sous-diacre, il obtint la faveur de catéchiser les jeunes enfants et de les préparer aux joies célestes de la première communion.

Il revient à Saint-Sulpice, et, sous la main ferme et douce des fils du vénérable M. Oller, il parcourt cette laborieuse carrière qui forme les néophytes du sanctuaire à la conquête de la vertu et à la fidélité de la doctrine.

Il y a, mes bien chers Frères, une heure attendrissante et solennelle dans une vie sacerdotale : c'est le moment terrible et doux où le séminariste se relève, sous l'imposition des mains de l'Évêque, prêtre pour l'éternité. Le ciel le bénit et la terre l'attend. Il monte à l'autel, l'âme parfumée de l'onction sainte, enrichie de pouvoirs accablants pour la faiblesse humaine, avec la conscience de son infirmité personnelle, il offre l'Agneau sans tache immolé dès l'origine des siècles. Si ce prêtre n'est pas une âme médiocre, il se sent pressé de mêler son sang au sang divin du calice; il a soif de n'être pas un sacrificateur égoïste et d'être à son tour une victime broyée et immolée pour l'amour de ses frères et pour la gloire de Dieu!

Marie-Nicolas-Antoine Daveluy, ordonné par Monseigneur de Quélen, le 19 décembre 1841, éprouva ces nobles impressions et ces religieux frémissements ; il célèbre les saints Mystères pour la première fois au milieu de sa famille en fête et en larmes ; son père, sa mère et les membres de sa parenté communient de sa main; puis il se dérobe à leur tendresse émue, et il court au sanctuaire vénéré de Notre-Dame-des-Victoires mettre sous le patronage de la Mère du Sauveur qu'il a tant aimée, le trésor de sa pureté virginale, cette fleur de la prêtrise, ce fruit inimitable de la sève catholique, ce beau manteau protecteur de la fidélité aux promesses sacerdotales.

Il revient au milieu de vous; il monte à l'autel

de votre église de Saint-Leu portant la robe de son baptême et la tunique de son ordination. La foule assiste au saint sacrifice, et, selon le pieux usage, elle vient réclamer du jeune prêtre la bénédiction et l'imposition des mains. Parmi cette multitude, fière du nouveau soldat de Jésus-Christ, se rencontre une pauvre femme qui, à travers les rangs des lévites et des fidèles inclinés devant le jeune prêtre, vient se prosterner à ses pieds. Elle porte dans ses bras un enfant de quatre ans, infirme, rachitique; cet enfant n'a pu marcher encore. Cette mère attristée possède la foi de la Chananéenne, elle demande avec simplicité la bénédiction de ces jeunes mains devenues toutes puissantes. Le Seigneur entend le cri convaincu de cette infortunée; sous la bénédiction du futur Martyr, les membres du petit perclus s'affermissent, et ce que saint Pierre obtint à la porte du temple pour le paralytique, l'enfant frêle et malade le reçoit, et depuis lors il a la force de marcher. Prodige qui me semble un signe précurseur et comme l'aurore blanchissante des miracles qui viendront bientôt couronner son glorieux sépulcre.

Ah! pour ce nouvel apôtre, il y a plus qu'un enfant à faire marcher dans les droits chemins, il y a des âmes à illuminer, des consciences à transfigurer, des peuples à ressusciter dans la lumière et dans l'amour!

Un humble ministère lui est confié, et c'est à Roye que son évêque l'envoie consacrer les prémices de son apostolat. Il a le titre modeste de vicaire, titre simple mais glorieux pour le prêtre qui le comprend et qui sait, en toute soumission d'esprit et en toute vaillance de cœur, y assujettir son zèle.

Le jeune Daveluy en est une preuve. Il féconda son vicariat par une multitude d'œuvres utiles. La fondation d'une bibliothèque, l'érection de l'archiconfrérie, des missions aux soldats, un apostolat tout particulier auprès des ouvriers : tels sont les faits qui se rattachent à son trop court passage en ce lieu, et qui, après vingt-trois ans d'absence, y perpétuent encore sa mémoire.

Les fonctions qu'il remplit à la maison des dames Ursulines n'ont pas laissé des traces moins profondes. Il y avait gagné à J.-C. les enfants qu'il y catéchisait ; aussi à son départ, ce fut une douleur universelle. Son doyen, dans une lettre qui est restée comme un monument, se fit l'écho des cœurs de la paroisse où, en si peu de temps, le jeune vicaire avait conquis tant de chrétiennes sympathies et mérité tant d'éloges. Sa vertu, son zèle, sa piété, ses aptitudes sacerdotales trouvèrent, sous la plume du digne prêtre, une éloquente glorification.

Pendant ces quelques mois, il a bien réalisé sa devise : *Nul aux créatures, nul à moi-même* ; désintéressé de toute préoccupation personnelle, il est bien le cœur immolé au service des petits et des humbles. Son premier labeur sacerdotal se peint dans un seul mot que le Maître a dit : « *Les pauvres sont évangélisés.* »

Malgré les consolants succès de sa parole et de son zèle, il se sent oppressé dans ce ministère pastoral : son âme regarde par-dessus la vieille Europe et voit au loin les moissons qui blanchissent ; devant le tabernacle, il a des amertumes solitaires, de saints désirs, des larmes brûlantes, et il aspire à porter aux *pauvres de l'Orient* le pain vivant descendu du Ciel.

Son évêque, le futur Pontife de la grande et littéraire cité de Toulouse, avait voulu l'attacher à sa personne ; mais il est vaincu par les saintes obstinations de ce jeune Lévite qui ambitionne le grand apostolat dans l'ombre et la mort héroïque dans le supplice.

Antoine ne tarde plus ; il vole au séminaire des Missions-Etrangères, et là il fut le même homme, appliqué, austère, plein de foi et de flamme, soupirant en secret après la terre qui boit le sang des saints. Il y a, dans cette maison, cachée au milieu du brillant tumulte de Paris, et qui s'élève non loin de l'asile sacré d'où sortent chaque mois, pour l'Europe et le monde, ces pacifiques phalanges des sœurs de Charité ; il y a, dis-je, dans cette simple et sublime pépinière des Martyrs, une chambre sacrée où l'on garde comme de glorieuses dépouilles et des trophées séducteurs, tout un musée sanglant d'instruments de supplice. Les tortures qu'ils rappellent enivrent de délices et passionnent d'enthousiasme ces candidats des missions lointaines. Notre jeune héros aimait à se réfugier près de ces reliques ; un secret instinct l'y attirait toujours. Vous savez la solennité traditionnelle du départ. Les missionnaires, à l'heure de quitter l'asile, se rangent, debout, sur les degrés de l'autel. Le chœur chante le magnifique verset de nos Saints Livres: « Qu'ils sont beaux les pieds de ceux qui évangélisent la paix. » Les fidèles et les prêtres, les élèves et les maîtres viennent, tour à tour, s'incliner et vénérer les pieds de ces futurs ouvriers de l'Evangile. Ici se reproduit, pour notre héros, une scène d'un divin attendrissement: son vénérable père assiste à ces touchants adieux, et, quand il a imprimé sur le front de son fils le dernier baiser de sa tendresse paternelle, Antoine s'arrache à cette douce étreinte et va se mettre à genoux devant la cangue qu'avait portée Mgr. Borie, l'illustre martyr du Tong-King. On dirait que le séminariste veut arrêter les battements de son cœur et réaliser, dans une sublime immolation, le mot sacré de l'Evangile: « Celui qui aime son père ou sa mère plus que moi n'est pas digne de moi. »

N'est-ce pas nous ramener aux temps héroïques où saint Ignace se faisait une sorte de volupté secrète de repasser en son esprit les supplices de ses membres broyés sous la dent des bêtes féroces? Ce baiser brûlant donné avec une sainte passion à l'instrument de torture, n'est-ce pas un écho prolongé du cantique de saint Ignace: « Ne mettez point obstacle à mon bonheur, car il « faut que je sois moulu pour devenir le pain du « Christ. Suppliez le Sauveur pour moi, afin que, « par des tortures, je devienne une hostie digne « de lui; je ne vous commande pas, comme Pierre « et Paul: ils étaient apôtres, je ne suis qu'un « condamné; ils étaient libres, je ne suis encore « qu'un esclave; mais quand j'aurai souffert, je

« serai l'affranchi de Jésus-Christ et, en moi, res-
» suscitera l'homme libre. »

Partez, jeune prêtre d'Amiens, vos filets sont brisés, prenez votre vol ; allez au loin, porté sur les navires rapides ; des âmes vous attendent. Vous êtes prêt ! les nobles exemples et les angéliques tendresses du foyer domestique ont fait à votre cœur une auréole de pureté ; d'illustres maîtres l'ont façonné au sacrifice ; vos lèvres émues, en touchant l'instrument des martyrs, lui ont communiqué le glorieux stigmate de la victime ; vous venez de donner au Christ le témoignage de la vie dans votre cœur gardé et immolé ; oui ! vous êtes prêt ! apportez-lui désormais le témoignage fécond de l'apostolat.

II

Je ne sais si l'homme est capable d'imaginer une plus grande scène que celle que nous offre, dans sa simplicité, une page de l'Evangile. Le Sauveur va prendre son vol sur les nues ; il a devant lui quelques obscurs travailleurs que sa vie avait groupés, que sa mort a fait fuir et que sa résurrection rassemble encore. Il leur dit : *Allez, enseignez tous les peuples... prêchez l'Evangile à toute créature* (1). Cet ordre étrange dans son audace, unique dans les annales du genre humain, s'accomplit avec une fidélité persévérante. Au printemps de la création, la parole souveraine fit jaillir la lumière du néant, appela le soleil, et, depuis six mille ans, cet astre illuminateur n'a pas cessé de jeter ses rayons sur le monde. Sur les collines de la Judée, un mot créateur aussi a fait sortir du néant de l'égoïsme humain la flamme d'un prosélytisme sacré, et voilà vingt siècles que la lumière de cette parole envoie ses clartés aux âmes par le phénomène surnaturel de l'apostolat. Oui, la création de l'*Apôtre* est une œuvre qui appartient en propre à Jésus-Christ; c'est lui qui a pris possession du monde entier par ces *pêcheurs d'hommes*, et qui a prédit avec la sécurité du succès que *son Evangile serait annoncé à toute nation* (2).

Nous, mes Frères, qui vivons dans une atmosphère chrétienne, qui voyons sous nos yeux l'apostolat devenu populaire, nous ne songeons pas au double travail de Dieu et de l'homme pour créer un apôtre. Il faut sentir en soi la douce certitude de l'appel divin; anéantir son moi dans une magnanime immolation; faire de son âme un vase pur et transparent qui contienne les trésors intègres de la doctrine; unir sa parole aux mys-

(1) S. Matth. XXVIII, 19.
(2) S. Marc. XIII, 10.

tères divins, dans une alliance chaste et indissoluble ; parler avec l'accent de la mère et les vigueurs du martyr ; jeter ses convictions devant les princes et les peuples, sans souci des auréoles ou des mépris, des flatteurs ou des bourreaux ; être toujours debout, en faisant de son cœur et de ses lèvres un témoignage perpétuel à la gloire du Christ ; n'avoir enfin qu'une seule et permanente préoccupation : *il faut qu'il croisse et que je diminue* (1).

Tels sont les traits rapides qui caractérisent l'apôtre. A toute heure de son existence, il s'écrie : « Oui, que le Seigneur Jésus grandisse dans « les âmes et dans le monde; que mes sueurs ver-« sées sans relâche, que mes renoncements quo-« tidiens, que ma parole, que mon sang soient le « piédestal de sa grandeur !... »

Votre jeune compatriote n'avait pas compris autrement sa mission. Dans le séminaire où il se préparait aux lointaines évangélisations, il gardait ses secrets désirs et il tournait en silence ses regards avides vers la Corée. Il n'est pas permis aux jeunes séminaristes de désigner les terres que leur zèle ambitionne ; ils confient leur liberté à leurs vénérés supérieurs et ils attendent de l'obéissance le signe de Dieu. Toutefois, la filiale piété d'Antoine aimait à invoquer, pour son avenir, la Mère bénie du Rédempteur, et il suppliait la Reine des Apôtres d'obtenir de son Fils, notre Dieu, à qui tous les peuples appartiennent, le bonheur de l'apostolat coréen.

(1) S. Jean, III, 30.

Sa prière est entendue; aussi, lorsqu'il apprend sa sublime destination, l'entendons-nous s'écrier : *Oh ! j'étais bien sûr d'aller en Corée, la Sainte Vierge ne pouvait pas me refuser ce que je lui ai demandé tant de fois.*

Il part donc pour Brest où appareille l'*Archimède* qui doit le transporter à Macao.

Il séjourne onze mois dans cette cité, et Mgr Ferréol, vicaire apostolique de Corée, le fait partir avec lui pour Hong-Kong et Chang-Haï, et de là, passer en Corée. Heureux d'une mission qu'il ne tient que d'en haut, notre futur martyr écrit alors :

« Quel bonheur ! je pars pour la Corée ! et je « suis sûr d'être dans la volonté de Dieu, car, « malgré mes désirs, je n'en ai jamais parlé qu'à « la Sainte Vierge. »

Au milieu de nos perfectionnements modernes, nous ne pouvons nous figurer les obstacles sans nombre, les périls de tout genre qui attendent l'Apôtre au seuil de ces pays livrés à une civilisation toute sauvage; eh bien, laissez-moi vous redire en peu de mots quelques-unes des péripéties de cette navigation étrange.

A Macao s'était rendu un diacre coréen dont le nom doit être célèbre dans les fastes apostoliques : *André Kim*. Il avait fait ses études en Chine et il était venu à Hong-Kong pour prendre Mgr Ferréol, M. Daveluy et les conduire par mer sur les rivages inhospitaliers de la Corée. Je ne puis résister au déisr de vous citer, ici, une lettre de notre martyr faisant la description du navire qui doit porter la troupe apostolique. Je ne modifierai rien à cette lettre intime écrite dans un gracieux abandon qui peint bien la sérénité de nos héros chrétiens :

« Notre navire, d'abord surnommé frégate « coréenne, était bien digne de ce nom. Il pou- « vait avoir 30 pieds de long sur 12 ou 13 de « large ; sa hauteur ne devait pas dépasser huit « pieds tout compté. Voilà notre jolie frégate, « peu élégante, du reste, tant à l'intérieur qu'à « l'extérieur. Deux mâts d'une hauteur hors de « proportion, devaient supporter des voiles en « nattes, c'est-à-dire en paille tressée artistement. « Enfin les Coréens n'ayant pas l'habitude de faire « des ponts à leurs navires, il fallut nous en « passer. Le devant n'en avait pas même l'appa- « rence. Pour le reste, ces fiers navigateurs met- « tent quelques planches au milieu du navire, « en ayant grand soin de ne les pas joindre ; « puis, des deux côtés sont tout simplement des « bâtons arrangés en treillis et recouverts de « nattes. Par ce moyen, si la mer est un peu « houleuse, l'eau entre parfaitement dans le « navire ; ils ne peuvent se mettre à l'abri de la « pluie qu'en jetant l'ancre et formant une toi- « ture de paille sur le navire. Pour gouvernail, « ils préparent une forte planche de cinq doigts « d'épaisseur environ, ils la disposent entière- « ment sous le navire ; aussi les flots en font bon « marché. Tout ceci s'explique quand on sait « que les Coréens ne quittent jamais les côtes, se « reposant quand il pleut, ne se hasardant jamais « par un mauvais temps. A tout cela il faut

« joindre la fatigue supportée par notre navire, « dans la première tempête, avant même notre « départ ; il faisait eau en abondance. Nos mate- « lots étaient dignes de ce bâtiment. Deux ou trois « avaient tant soit peu navigué ,mais étaient sans « expérience ; le reste se composait de braves « campagnards, aussi admirables manœuvres. « Enfin, le capitaine, ou amiral si vous voulez, « était André, diacre coréen et ordonné prêtre à « Chang-Haï par Mgr Ferréol. Il avait l'expé- « rience d'un jeune séminariste, mais la foi devait « y suppléer. Voilà donc tout notre équipage. « Onze chrétiens, dont un malade toute la tra- « versée, le Père André à leur tête. Puis, mon- « tèrent à bord Mgr Ferréol, puis votre serviteur, « heureux comme jamais de sa vie il ne l'avait « été. »

Tous ces humbles paysans qui composent l'équipage sont des parents de martyrs ; ils savent que, s'ils échappent aux dangers de la mer, ils seront sous le coup d'une sentence de mort, pour avoir introduit en Corée des chrétiens. Que cette barque porte de véritable grandeur dans ces humbles Coréens qui s'exposent au supplice pour donner un évêque à leur pays !

C'est sur ces frêles planches, au sein d'une mer en furie, qu'ils accomplissent leur hardie tentative. Deux fois ils sont obligés de regagner le port, deux fois ils sont rejetés en pleine mer, ne sachant où le vent les poussera ; la tempête grandit et leurs mâts sont coupés.

Pendant vingt-quatre heures ils sont à la merci

des flots, et Antoine Daveluy ne peut contenir sa joie de n'avoir pas d'autre appui, entre le ciel en orage et la mer en fureur, que la foi en la Providence et la protection de la Sainte-Vierge. « Nous sommes bien conduits, dit-il, puisque nous sommes entre les mains de Marie. »

Rien donc n'égale la sérénité de notre Apôtre, au milieu de tous ces périls et dans ces extrémités diverses. Ecoutez avec admiration ce qu'il écrit : « Pendant la tempête, je montai plusieurs « fois sur le pont. Assis sur les débris de nos « mâts flottants, je considérais le terrible élément « dont peut-être nous allions sonder la profondeur; « je méditais sur les frivolités de toutes les choses « de la terre. Toutefois, j'étais content et tranquille; « avant de m'embarquer sur ce navire, j'avais « prévu le cas où nous nous trouvions et je m'étais « habitué à considérer cette mort comme un vrai « martyre, puisque nous n'avions en vue que la « gloire de Dieu. J'avais souvent entendu répéter « que saint François-Xavier avait désiré cette « mort comme méritoire et agréable à Dieu. « Jamais peut-être je n'eus sommeil plus calme « que cette nuit. »

N'y a-t-il pas, dans cet héroïque repos, dans cette paix si sûre d'elle-même, un signe incontestable qu'ils sont là les envoyés de Dieu et que rien de la terre ne peut troubler ces grandes âmes? Peu à peu, l'orage s'apaise, les flots se calment, et, à travers des rochers et des îles, leur frêle embarcation touche une plage où ils descendent : c'est au sud de la Corée, et ils constatent avec tristesse qu'ils sont à cent lieues de la capitale. Ils reprennent la mer, longent les côtes, affrontent de nouveaux périls, et enfin, le 12 octobre, ils mettent le pied sur ce sol qui un jour boira leur sang.

Le succès ne couronne pas toujours les hardies tentatives de nos missionnaires; plusieurs durent parfois reculer, sans avoir pu forcer le passage, d'autres moururent à la peine ou furent arrêtés au moment où ils franchissaient la terrible barrière. M. Maistre, ce fils du diocèse de saint François-de-Sales, ne put pénétrer qu'après dix ans d'efforts; après ces infatigables essais, il fut pris par les Chinois, lorsque déjà il touchait à la frontière coréenne, il fut emprisonné et expulsé ensuite. Mais rien ne le découragea, il se remit à l'œuvre; il rentra dans la mission et y mourut, n'ayant qu'un regret, ce fut de ne pas y mourir martyr (1).

Monseigneur Ferréol, en prenant possession de ces terres confiées à sa sollicitude pastorale, fut obligé de passer la nuit dans une chétive cabane, exposé à toutes les inclémences d'une saison rigoureuse et aux dangers d'être découvert par les infidèles.

Quel contraste avec les fêtes qui attendent vos évêques dans vos cités catholiques, lorsqu'ils viennent, au nom de Jésus-Christ et de l'Eglise, vous bénir pour la première fois! Leur arrivée est un triomphe; les cloches retentissent, les rues sont pavoisées, l'allégresse est sur tous les fronts; vos

(1) Voir les articles de M. Pierre Durange, dans la *Revue du monde catholique* (octobre 1866).

magistrats et vos soldats s'unissent à la foule : c'est un peuple qui accueille son Père et qui s'incline avec respect sous la main de son Pontife.

Là-bas, au contraire, dans ces régions païennes, sous la menace toujours persistante du bourreau, c'est travesti, obscur, caché et se glissant comme un voleur dans l'ombre de la nuit, que le successeur des apôtres peut toucher de la main et du cœur cette contrée que l'Eglise lui donne pour épouse. Comme ces clandestines et modestes entrées nous rappellent bien l'heure attendrissante où le fils éternel de Dieu, déguisé sous le voile de notre humanité, prit possession du monde pour le bénir et le sauver !

Mais, jetons un regard rapide sur cette Corée, théâtre de l'apostolat de votre compatriote.

Située au Nord-Est de la Chine, séparée du Japon par un bras de mer, elle est peuplée, croit-on, de dix millions d'habitants ; son gouvernement est despotique, son commerce nul, et son aspect trahit sa pauvreté. Les victimes humaines y sont offertes par milliers chaque année ; les mœurs y sont d'une effroyable dissolution, l'esclavage y règne, enfin le culte des idoles met le comble aux abaissements de ce peuple.

Pourtant l'Église a rencontré, dans une nation si abattue et si avilie, des fidèles et des martyrs.

Plusieurs fois déjà le christianisme avait essayé de s'y implanter. A la fin du seizième siècle, quelques soldats japonais, d'une foi vive, d'une ferveur et d'une charité à toute épreuve, y jetèrent les premières semences du salut. Mais ce ne fut qu'un éclair dans la nuit, car ces premières clartés s'éteignirent bientôt dans un flot de sang; cette jeune chrétienté eut à sa naissance le baptême du martyre. Depuis trois siècles, il ne lui a jamais manqué; l'Europe garde encore le vivant souvenir de l'horrible massacre de 1839; cependant, malgré ce peuple farouche, et ce pouvoir cruel qui s'acharne à persécuter les saints, malgré les appauvrissements de notre vieux monde, les missionnaires n'ont pas failli à cette terrible destination. Nous sommes impuissants à vous peindre les labeurs obscurs de cet apostolat lointain et isolé. Ici, sous les voûtes de vos vieilles basiliques, en face de ces auditoires qui vibrent à votre parole, devant des cœurs qui palpitent et des âmes qui tressaillent, avec la magie d'un langage que vous aimez, vos orateurs chrétiens ont un apostolat facile et éclatant. Si les consciences ne subissent pas toujours la domination de cette parole, des sympathies bienveillantes et les reflets d'une gloire humaine l'entourent, et font aux prédicateurs de l'Europe civilisée un piédestal qui n'est pas sans péril. C'est alors que, le cœur attristé de ces succès qui ne sont pas ceux de l'Evangile, le prêtre éprouve le besoin de redire à tous les horizons : *Tout me pèse, tout m'accable; donnez-moi des âmes, le reste n'est rien!.... « Da mihi animas, cætera tolle tibi.* »

Le missionnaire Coréen n'est soutenu par aucun prestige; obligé de bégayer, dans une langue difficile, les sublimes révélations de la foi; parcourant des villages sous un vêtement d'emprunt ; fuyant les regards ennemis ; tour-à-tour exposé aux bêtes féroces, au froid, à la famine et aux satellites ; glanant les âmes une à une, et après des labeurs sans trève et des courses sans repos, n'ayant d'autre asile qu'une étroite et sombre cabane ; sans un cœur ami pour épancher son cœur : telle est la sublime existence de l'Apôtre dans ces contrées lointaines. Quelquefois pourtant des joies inespérées l'attendent : il rencontre un collègue de ses travaux, un prêtre, ou son évêque. Notre héros raconte ces félicités d'un cœur apostolique. Il redit dans une de ses lettres, avec une grâce que je ne veux pas déflorer, l'ineffable consolation d'une de ces rencontres :

« Au mois de mai, le bon Dieu me préparait « une agréable surprise : Monseigneur, jusque-là « renfermé dans la capitale, descendit dans nos « parages, pour se mettre lui aussi en campagne. « Après sept mois de séparation, nous nous re- « vîmes. Vous dire la joie, le bonheur des deux « ne serait pas chose facile : sept mois sans voir « un Européen, sans pouvoir se communiquer ses « pensées, certes, c'était chose rare autrefois. « Monseigneur arriva sur les neuf heures du soir ; « bien entendu cette nuit se passa en causerie.... « Aucune gêne, aucune contrainte ; là, dans ces « épanchements de la foi et de l'amitié, le corps « se refait, l'esprit se relève et l'âme se ranime « à la vie. »

Dieu destinait Antoine Daveluy à un apostolat plus complet encore que j'appellerai l'apostolat doctoral. La maladie l'arrête ; forcé à un repos qui l'écrase, il s'écrie dans sa douleur : *Malheur à moi si je n'évangélise!.... La charité de Jésus-Christ me presse.* Cloué sur son lit de souffrance, il ne peut rester inactif, et il se livre à des travaux littéraires qui suffiraient à sa gloire. La langue coréenne lui devient familière, et il prépare les annales de cette église dont lui-même sera une page sanglante et glorieuse. Dieu le réservait à des devoirs plus grands dans une dignité plus haute. Le nouvel évêque, Monseigneur Berneux, a reçu du Souverain Pontife l'ordre de sacrer un de ses prêtres comme coadjuteur; il discerne Antoine Daveluy, et, après de longues résistances, il le décide à accepter la plénitude du sacerdoce.

Voici comment il annonce lui-même à sa famille le redoutable honneur qui vient de lui être imposé :

« Il me reste à vous parler d'un événement qui « vous sera, je n'en doute pas, plus pénible qu'a- « gréable, comme il me l'a été à moi-même; et « certes, aux yeux de la foi, comment pourrait-on « s'en réjouir ? J'ai toujours été fait pour être con- « duit et non pour conduire... Un concours de cir- « constances et la crainte de manquer à mon de- « voir, d'attirer sur cette mission d'autres maux, « ont forcé mon consentement dans une ligne « toute nouvelle. Quand il semble clair que Dieu « le demande, il y a du danger à résister. Enfin, « vous me le pardonnerez, vous prendrez en pitié « ma position devant Dieu, le fait est accompli. « Le 25 mars dernier, jour de l'Annonciation, j'ai

« dû encore une fois me laisser imposer les mains, « et j'ai été sacré évêque-coadjuteur de Corée, « sous le titre d'évêque d'Acône... J'en ai dit « assez pour vous engager à redoubler vos prières « en ma faveur. »

Cette dignité n'emprisonnera pas son zèle; il garde l'activité du missionnaire; il reste accessible à tous et, avec ses prêtres, il reste ingénieux à voiler sa supériorité. Un témoin fidèle, compagnon de ses fatigues, nous raconte cette vie nouvelle de l'évêque et cette bonté qui se donne toujours sans s'épuiser jamais (1) :

« C'est là, chez Monseigneur d'Acône, qu'après « les labeurs d'une longue administration, je trou- « vais le repos, la gaieté et les forces pour entre- « prendre de nouveaux travaux ; c'est là que ce « bon Evêque, dans une conversation simple et « toujours édifiante, laissait épancher son cœur! « Comme un simple missionnaire, il parlait de « ses difficultés, et, quoique ayant une grande « expérience, il aimait à conseiller ses confrères « sur différents cas de théologie ou bien sur les « cérémonies et rubriques romaines.

« Presque toujours souffrant de douleurs de « jambes et d'une maladie d'estomac, il cachait le « plus possible son mal et on ne s'en apercevait « que lorsque la douleur allait jusqu'au suffoque- « ment; alors, ne pouvant prononcer aucune pa- « role, sur le point d'éprouver un évanouisse-

(1) Lettre de M. l'abbé Ridel, missionnaire apostolique de Corée, à M. Daveluy, père, à Amiens.

« ment, il demandait pardon de l'obligation où « il était de se reposer un instant, puis il reve- « nait plein de gaieté et reprenait la conversation « que ses connaissances si variées et son excel- « lente mémoire rendaient toujours très-intéres- « sante.

« Quelquefois aussi, il se laissait aller, en quel- « que sorte, à plus d'intimité, nous parlait de sa « famille, de son bon vieux père, de ses frères et « sœurs et nous rapportait quelques petites scènes « de son enfance qui avaient un grand charme de « candeur et de simplicité: ainsi se passaient ces « petites réunions, toujours renfermées et cachées « dans le palais épiscopal, comme Sa Grandeur « aimait à appeler cette chambre qui servait tout « à la fois de dortoir, de réfectoire, de salle d'au- « dience et de chapelle, etc...

« Monseigneur, qui possédait très-bien la langue, « mieux que les savants du pays, disaient les Co- « réens eux-mêmes, se livrait, pendant ces grandes « chaleurs, à des travaux de traduction et de « composition très-utiles pour la chrétienté: la « plupart des livres à l'usage des chrétiens sont « dûs à son activité. »

Ne sentez-vous pas, mes Frères, que vos vies comparées à celle-là sont bien stériles et bien vides? Vos existences paisibles, vos petites douleurs consolées ou distraites, vos jours amusés par des bagatelles, votre brillante activité, tout ce bien-être facile semble misérable devant les gigantesques labeurs de ces hommes que l'Europe envoie au loin et qu'elle méconnaît trop souvent.

Ah! que Dieu soit à jamais béni! De saint Paul à Monseigneur Daveluy, le témoignage apostolique ne s'est pas tû dans le monde, et, sur tous les champs de bataille de l'intelligence, dans vos chapelles de bois et dans vos immenses cathédrales, ce souffle impérissable de l'apostolat retentit sans relâche! Cette parole, quoique vieille de dix-neuf siècles, toujours jeune et toujours vibrante, apporte un indéfectible témoignage à Notre-Seigneur Jésus-Christ, et de l'Afrique dans l'Océanie, de Rome à la Corée, il y a un cri qui ne meurt pas, c'est le cri vainqueur de la sainte Eglise annonçant Jésus-Christ, et redisant à tous les hommes : *Si quelqu'un n'aime pas le Seigneur Jésus, qu'il soit anathème* (1) *!*

III

L'Episcopat n'était pas, pour Mgr Daveluy, un éclat ou un repos, c'était un motif de se dévouer plus encore, un degré pour monter au martyre. Il mène de front les courses évangéliques et les

(1) I. Cor. XVI, 22.

travaux de la science. Le zèle le dévore ; il appelle à son aide les prières de l'Europe et sollicite de votre pieux diocèse un concert de supplications qui détourne de la Corée une persécution imminente. Il fonde la touchante association de l'Archiconfrérie de N.-D.-des-Victoires. Un savant fils de M. Ollier (1) élève à la gloire de la Vierge immaculée et à l'honneur de Pie IX un monument incomparable qui sera comme une vision de la Pentecôte, la communauté de la croyance, gardant son unité sans tache et chantée dans toutes les langues ; il fait appel à notre évêque qui lui envoie la bulle de l'Immaculée Conception traduite

(1) M. l'abbé Sire, du séminaire de St-Sulpice, a entrepris la traduction dans toutes les langues, de la Bulle de l'Immaculée Conception. N'est-ce pas un vrai prodige qu'un prêtre, sans employer les ressources de la fortune ou du commerce, dans le court espace de six années, c'est-à-dire plus rapidement qu'un hardi navigateur ne ferait le tour du monde, a pu réunir de tous les pays, des îles les plus lointaines et des contrées les plus sauvages, de l'Océanie aux terres dispersées de l'Afrique, aux rivages de l'inhospitalière Corée, des frontières du Thibet, des forêts profondes où se réfugient comme dans un dernier abri les tribus errantes des deux Amériques du Nord et du Sud, trois cents traductions d'une Bulle fort longue, toutes faites avec soin par les hommes les plus au courant de leur langue, signées et approuvées par la plus haute autorité ecclésiastique du pays, décorées souvent avec un goût exquis par des artistes de bonne volonté, des dessins les plus variés, et formant à peu près quatre-vingts volumes dont la somme donne environ vingt mille pages de format in-quarto ?

M. l'abbé Sire s'adressa à Mgr Daveluy pour la traduction de la Bulle en langue coréenne, et notre martyr, heureux d'entrer dans les vues si bien en harmonie avec ses propres sentiments, envoyait en 1864 la traduction demandée, l'accompagnant de ces lignes : « Le résultat est loin « de répondre à mon désir. Il est loin surtout de répondre à la gran- « deur de l'œuvre vraiment catholique à laquelle elle est destinée.... J'ose « cependant vous l'envoyer par notre courrier d'hiver. Je mets ces pays « sous la protection toute spéciale de Marie Immaculée afin qu'elle daigne « les conduire au milieu des mille dangers des routes, et que parvenues « au pied de N.-D. de France, pour aller de là entre les mains de N. T. « S. P. le Pape Pie IX, elles soient à Rome un monument des hommages « et de la dévotion de la petite Eglise de Corée envers l'Immaculée Con- « ception. »

en coréen, comme un témoignage de son amour de l'Eglise et de la Mère du Sauveur.

Mais un témoignage plus haut devait sortir, non plus de son travail, mais de sa mort : Dieu le destinait au martyre.

N'est-ce pas une chose étrange que le Christ veuille du sang versé pour lui; que cet arbre immortel qui s'appelle la vérité catholique ne puisse fleurir et porter des fruits que lorsqu'il a été arrosé du sang de l'homme? Le berceau de toutes nos chrétientés flotte sur ces vagues empourprées ; à l'origine de toutes nos histoires, à Rome, à Jérusalem, à Smyrne, à Amiens, partout vous rencontrez la parole de l'apôtre affermie par l'effusion de son sang.

Jésus-Christ, en effet, a tracé les conditions de son apostolat : « Je vous envoie comme des brebis au milieu des loups; on vous livrera aux tribunaux, on vous flagellera dans les synagogues; à cause de moi, on vous conduira devant les gouverneurs, les rois et les gentils pour rendre témoignage... Le frère livrera son frère à la mort, le père ses fils, les enfants leurs parents, et vous serez détestés à cause de mon nom. On vous tourmentera, on vous tuera... Mais ne craignez point ceux qui peuvent tuer le corps et ne peuvent pas tuer l'âme. Si quelqu'un me confesse devant les hommes, je le confesserai devant mon père; mais si quelqu'un me renie devant les hommes, je le renierai devant mon père... (1) Quand vous serez dans l'angoisse,

(1) S. Math. XVI. 33.

ayez confiance; car, moi, j'ai vaincu le monde.» (1)

Oui, le monde a été vaincu! les crucifiés ont paru ensevelis sous la pierre, mais leur doctrine a brisé le sceau de leur tombe ; elle parle, elle conquiert, elle règne et elle se rit des étreintes de la force, comme le rayon du soleil insulte aux chaînes qui voudraient le retenir.

Les chrétiens sont allés, d'après l'ordre reçu, se faire lapider et dévorer ; la lutte commence et ne finit pas ; la terre est une arène ; comme dit saint Cyprien : c'est le sublime champ de bataille de la vérité : *Ecce agon sublimis et magnus*. L'Eglise, comme son maître, est toujours sur la croix ; mais, dans l'acte de sa crucifixion, elle convertit les bourreaux, bénit les persécuteurs, ouvre le ciel et civilise le monde !

Cette passion de la souffrance et de la mort déconcerte la raison humaine; les sauvages de Corée se répètent les objections des vieux Romains. Il y a déjà seize siècles que Lucien se moquait du martyre qu'il déclarait une *folie*; vos élégants civilisés, affamés de confortable, le traitent ironiquement de *fanatisme*, et les Coréens font écho à la pensée des païens de Rome et des raffinés de nos temps modernes, lorsqu'ils écrivent à leurs souverains : « Ces hommes de la religion nouvelle sont « pires que des animaux : les brutes ont horreur « de la souffrance et de la mort, mais eux ils ai- « ment la douleur et le supplice.... »

O Dieu ! c'est vraiment notre joie et notre for-

(1) S. Jean XVI. 33.

ce ! vous êtes venu près de nous dans les condescendances de votre amour ; vous avez versé votre parole illuminatrice, ouvert votre cœur et donné votre sang ; vous nous avez confié votre vérité, votre grâce, vos éternelles tendresses, et nous, froids et glacés dans les ombres de l'égoïsme, nous ne saurions pas donner ce qui est le meilleur de la vie, ce qui est nous, notre sang et notre cœur... !

Ah ! s'il y a ici quelqu'un qui vous aime, il comprendra ces joies, ces inénarrables bonheurs d'une mort désirée qui conduit à la vie, d'un supplice ignominieux dont le ciel est le prix, de l'honneur indicible fait à un homme de sacrifier sa vie comme une profession de sa foi et un chant d'amour pour Jésus-Christ.

La Corée fut fidèle à cette grande loi de la vie catholique ; les rares épis échappés à la faulx du persécuteur restaient debout et préparaient une moisson joyeuse au père de famille. Ces chrétiens obscurs et isolés, souvent sans prêtres et sans évêques, gardaient, dans un inviolable attachement, leurs saintes croyances, et tournaient leurs yeux avides vers le Pontife suprême. Il y a, dans l'histoire de cette chrétienté, une page dont rien n'égale l'héroïque confiance :

C'était en 1811 ; Pie VII, captif à Fontainebleau, privé de la liberté du gouvernement de l'Eglise, reçoit un mémoire des Coréens ; les fils des martyrs s'adressent au père de l'Eglise universelle :

« Nous avons fait un recueil des actes de nos « martyrs qui contient plusieurs volumes. La per-

« sécution nous oblige d'écrire cette lettre sur de « la soie, afin que le porteur puisse la cacher plus « commodément dans ses vêtements : le danger de « perdre la vie en tel cas est de dix mille contre « un ; c'est pour cela que nous ne pouvons en- « voyer à Votre Sainteté des ouvrages volumineux.

« Quoique ce soient les martyrs d'un pauvre « royaume étranger, ils ont eu, cependant, le bon- « heur d'être admis dans la sainte religion, leurs « noms ont trouvé place dans le livre de la vie, et « leurs mérites sont écrits avec les mérites de ceux « qui sont morts pour la justice. Ils sont aimés « de la Sainte Vierge et des saints Anges ; ils se- « ront aussi agréables à votre Sainteté. Par le mé- « rite de nos martyrs, nous espérons recevoir au « plus tôt les secours spirituels que nous vous deman- « dons avec mille et dix mille larmes de sang. »

Quelle scène ! mes bien chers Frères, y eut-il jamais un témoignage plus magnifique rendu à la Souveraineté pontificale? C'est d'un vieillard fugitif et proscrit que de pauvres chrétiens, relégués aux confins du monde, attendaient la liberté de leur conscience, la dignité de leur vie et les trésors du Ciel !

La papauté n'est pas sourde à cette plainte. Des prêtres et des évêques porteront dans ces contrées une force toujours renaissante sous la torture. Mgr Brugnières, Mgr Imbert, Mgr Ferréol, Mgr Berneux, Mgr Daveluy formeront les glorieux anneaux de cet épiscopat fécond et sanglant.

Nous arrivons à l'heure solennelle que je voudrais vous décrire avec toute la simplicité du langage ;

car c'est une page des *Actes des Apôtres* que je vais vous raconter :

Je ne sais si ma voix pourra dominer mon émotion ; je l'espère de Dieu et de votre présence, Vénérables Vieillards, grands chrétiens ; vous, père, et vous, courageuse mère du Martyr, votre indomptable fermeté saura entendre encore le récit de ces heures d'angoisse et de gloire; vos larmes sont un cantique d'actions de grâces, et je sais que vous bénissez Dieu d'avoir un fils évêque-martyr.

Depuis longtemps votre fils invoque cet instant sacré ; il veut courir à l'immolation, et lorsqu'il apprend qu'on le recherche, il a soif de se livrer. Mgr Berneux lui écrit : « Cachez-vous; vous êtes nécessaire à la mission. » Cet ordre l'attriste, mais il refoule dans les profondeurs de son âme sa faim du martyre. Le zèle l'emporterait vers la torture, mais l'obéissance l'arrête. Il sait que Mgr Berneux est captif avec trois missionnaires ; il s'approche de la Capitale pour rendre à ces généreux Confesseurs les services dont ils ont besoin. Mais il ne peut longtemps se soustraîre aux regards des persécuteurs ; ce grand évêque est bientôt reconnu derrière un tas de bois qui l'abrite ; il est conduit jusqu'à Hong-Tsiou où il reçoit la cangue avec deux prêtres Aumaître et Huin; son servant Hoang Luc sollicite la même faveur ; ces athlètes de Dieu sont réunis et dirigés ensemble vers la Capitale. Pendant le trajet, leur physionomie est calme, la sérénité courageuse resplendit sur leur front, et ils répondent à la curiosité publique par de bienveillants sourires

L'interrogatoire n'ébranle pas leur fermeté; Mgr Daveluy y montre un sang-froid qui lui fait une renommée populaire; ils entendent avec joie leur condamnation, et ils se préparent à la mort par une confession qu'ils se font entre eux.

Pendant ces heures, Mgr Daveluy ne songe qu'à la joie de mourir le Vendredi saint; l'anniversaire de la rédemption du monde s'approche, et Dieu lui fera la grâce de mourir en ce jour de la grande immolation.

Il eut à supporter d'abord le supplice du brisement des jambes, et ce ne fut qu'après avoir subi cette affreuse torture qu'on l'entraîna, lui et ses compagnons, dans une presqu'île pour y être décapités. Les apprêts de l'exécution multiplient ses souffrances; ses mains ramenées avec violence derrière le dos, par un raffinement de barbarie, de manière à disloquer les épaules, redoublent son martyre. Le satellite, chargé d'abattre sa tête, lui porte un coup mesuré qui ne la sépare pas complètement et qui laisse la victime dans les tremblements horribles de l'agonie. Malgré ces incroyables douleurs, sur cette tête vacillante, à demi-détachée du corps, sur ce visage empourpré de sang, passe comme un reflet du Ciel. Le bourreau s'arrête, et, pendant quelques instants, il discute froidement le prix de l'exécution. Ce n'est qu'après dix minutes et après avoir obtenu une rançon plus forte, qu'il donne un dernier coup de sabre et qu'il achève son œuvre de sang... (1)

(1) La tête du héros chrétien fut suspendue au sommet de trois pi-

Cette vieille terre des martyrs boit le sang nouveau du sacrifice; l'Eglise le recueille et le ciel le couronne.

Allez donc! Montez au Ciel, fils des martyrs! Allez rejoindre les glorieuses phalanges qui vous ont précédés: les martyrs de la Corée et les martyrs d'Amiens qui vous attendent; Firmin qui fit pour votre pays encore barbare ce que vous venez d'accomplir pour l'Orient; Theudosie qui elle aussi peut-être n'eut d'autre temple pour prier que celui auquel a succédé votre église de Saint-Leu; et cet autre Firmin qui, pendant la révolution française, devait payer de son sang la conservation de sa foi. Fils des martyrs, montez au Ciel! Mais laissez-nous recueillir de votre vie de grandes leçons pour le monde, de grandes espérances pour l'Eglise.

O mes vénérés frères dans le sacerdoce! Pontifes et prêtres, nous sommes dans cette vieille Europe, au sein d'une civilisation que nous avons faite et qui nous repousse; sachons nous retremper dans la pureté, l'amour et le sacrifice. Que les nations modernes nous reconnaissent comme les fils des saints; pour qu'elles reviennent au Christ et à l'Eglise, allons à elles, dans la pauvreté, l'immolation et le dévouement, et qu'elles nous revoient fiers et heureux d'être jugés *dignes de souf-*

quets fixés en terre et réunis par le haut. Elle resta exposée pendant trois jours, ainsi que tous les corps des victimes qui furent respectés des bêtes carnassières. Enterrés ensuite par ordre du mandarin, au lieu du supplice, ils furent déterrés peu après par de pieux chrétiens, pour être plus honorablement ensevelis, et l'on trouva leurs corps intacts.

frir l'ignominie pour le nom de Jésus (1).

Et vous, chrétiens émus, vous emporterez de cette fête un enseignement ; ne prendrez-vous pas votre place dans cette armée pacifique de la Propagation de la Foi, par vos prières et par votre obole? Demandez à Dieu qu'il suscite de vos familles quelques vaillants ouvriers pour sa cause. Si le Maître appelle vos fils, ne comprimez pas l'essor de ces âmes vigoureuses : nos villes surabondent de déclassés qui usent leur jeunesse dans des lâchetés précoces et des plaisirs malsains. Que des jeunes hommes de foi et de cœur se lèvent dans la libre et généreuse allure de l'apostolat, et qu'ils apportent à la patrie, à l'humanité, à l'Eglise, la sève vivante de leur foi et de leur enthousiasme. Que le sang des martyrs, comme la poudre des batailles, vous enivre ; que les voluptés du sacrifice vous séduisent. Courage ! jeunes gens intrépides, allez, anges véloces et prompts messagers, allez répandre les trésors catholiques sur ces terres coupables ; un jour peut-être vous serez les glorieux moissonneurs sur ce champ que viennent d'arroser les sueurs et le sang de nos héros.

O âme triomphante du prêtre fidèle, de l'apôtre infatigable, du martyr souriant, vous chantez le *Te Deum* éternel, et votre voix s'unit à l'armée céleste: *Te Deum laudamus.... te martyrum canditatus laudat exercitus.* Pardonnez à ma parole de n'avoir su que bégayer une louange indigne de vous. Bénissez cette ville que vous aimez ;

(1) St Math. x, 16.— St Jean xvi, 33.

ces contrées lointaines parfumées de votre sang et remplies de votre gloire ; que, sur votre sépulcre radieux, brille l'arc-en-ciel de l'espérance, et qu'à votre souvenir nous soyons pleins de confiance dans les destinées de l'Eglise.

L'Orient ne résistera pas toujours à la grâce du Seigneur et à ses miséricordieuses avances. La mort des saints aura des conquêtes que n'eut pas leur vie, et le grain du pur froment qui a été broyé, saura germer, fleurir et porter des fruits au centuple.

Les temps troublés et incertains que nous traversons sont l'aurore d'un avenir que tout invoque et que nos cœurs pressentent !

Nous, Messeigneurs, vous le savez mieux que moi, nous sommes les ouvriers des grandes choses qui se préparent. Serrons-nous dans une douce et fraternelle étreinte, autour de l'auguste Vicaire de Jésus-Christ.... Nous sommes un corps invincible dans notre unité, puissant par le dévouement, victorieux par le sacrifice ; notre triomphe est assuré dans les douleurs et dans la mort ! Nous sommes les hommes du passé, du présent et de l'avenir. Comme le Maître, nous étions hier, nous sommes aujourd'hui et nous serons demain : A l'œuvre ! pour édifier les peuples par la pureté de nos vies, pour les attendrir et les éclairer par la parole, pour les sauver par notre sacrifice et par notre sang.

Non, non, nos cérémonies ne sont pas de vulgaires parades et de vaines pompes théâtrales. Tout-à-l'heure, quand, au parvis de cette basilique, vous serez debout pour bénir ces prêtres, ce peuple et cette cité, les anges et les saints du ciel seront près de vous ; vous vous lèverez avec un illustre passé dont les pierres de ce monument sont les témoins, avec le présent empourpré du sang des martyrs, avec l'avenir que vous portez dans vos mains et dans vos cœurs, devant cette statue de l'illustre prédicateur des Croisades, vous serez là comme une vision du Ciel. Alors, au nom de Jésus-Christ et de Pie IX, bénissez les enfants de ce diocèse ; bénissez la France, cette fille aînée de l'Eglise ; bénissez l'Europe ; bénissez l'Orient qui tue nos saints, et, dans un jour qui s'approche, par vos bénédictions, par votre apostolat et par vos dévouements, nous verrons l'Europe régénérée et l'Orient sauvé.

Henri DAMELET imp. à Lons-le-Saunier.

BIBLIOTHEQUE NATIONALE DE FRANCE

www.ingramcontent.com/pod-product-compliance
Lightning Source LLC
LaVergne TN
LVHW010055230826
846091LV00005B/1943

9782011756787